Los Egipcios

John Guy

Traducción:
Elizabeth Hahn Villagrán

EDITORIAL TRILLAS

México, Argentina, España
Colombia, Puerto Rico, Venezuela

¿QUIÉNES ERAN LOS ANTIGUOS EGIPCIOS?

PRIMERA INDUSTRIA

La técnica para extraer mineral metálico de las rocas empezó en el año 4500 a. C. en Egipto y Sumeria, la cual permitió fabricar herramientas y armas más resistentes. Los trabajadores de la imagen están fundiendo cobre.

*H*acia el año 5000 a. C., la humanidad se organizó en ciudades-estado, que fueron las primeras civilizaciones propiamente dichas. Parece que el proceso ocurrió simultánea, pero muy independientemente, en diferentes sitios del mundo. Quizá nunca sepamos qué cambió la característica humana básica de la vida nómada por el sedentarismo. Tampoco se ha determinado cuándo ocurrió. Todo lo que sabemos se basa en los restos físicos que se han excavado hasta el momento; otros sitios, quizá más antiguos, pueden estar a punto de descubrirse. Todas las grandes civilizaciones se concentraron en los valles de los principales ríos: el Amarillo en China; el Indo en India; el Tigris y el Éufrates en el Medio Oriente y el Nilo en Egipto. La civilización egipcia, no fue quizá la primera, pero sí llegó a convertirse en la más grande de las culturas antiguas.

EL ARTE DEL ALFARERO

Los egipcios inventaron el torno de alfarero hacia el año 4000 a. C. Antes de eso, las vasijas eran hechas a mano, presionando la arcilla húmeda dentro de moldes y dejándola secar.

LOS COMIENZOS DE LA AGRICULTURA

Casi al mismo tiempo que se establecieron las primeras civilizaciones (hacia el año 5000 a. C.) la humanidad desarrolló también la agricultura. La inundación anual de los valles en que se establecieron esas primeras civilizaciones depositaba abundante limo en la tierra de los alrededores, como ocurrió con el río Nilo, permitiendo que los antiguos egipcios cultivaran el suyo.

- ■ Imperio egipcio
- ■ Área de influencia egipcia

UN REINO UNIDO

Originalmente, Egipto se encontraba dividido en dos reinos, el Alto Egipto y el Bajo Egipto. Éstos fueron unidos alrededor del año 3100 a. C. por el faraón Menes, quien fundó la dinastía I. El periodo conocido como Imperio Antiguo duró desde la dinastía III hasta la VI. El periodo del Imperio Nuevo (de 1550 a 1070 a. C.) fue una era de gran expansión militar, desde Nubia en el Sur hasta el río Éufrates en el Este.

CONSTRUCCIONES GRANDIOSAS

Los egipcios erigieron pirámides, enormes monumentos funerarios, para albergar los cuerpos de sus faraones muertos. El faraón era enterrado junto con objetos valiosos para que los portara en su viaje al más allá. La Gran Pirámide de Khufu (Keops) en Gizeh (véase arriba) fue construida hacia el año 2551 a. C. Después del 2150 a. C., ya no se construyeron pirámides y los reyes fueron sepultados en tumbas subterráneas de piedra.

SIGNO DE VIDA

Este plato de libación tiene forma de *ankh*, la cruz egipcia, que era el símbolo de la vida. Sólo el rey, la reina o los dioses podían portar el ankh.

LA PRIMERA ESCRITURA

El primer sistema de escritura conocido apareció en Sumeria, al noreste de Egipto, alrededor del año 3200 a. C., en forma de pictogramas simples. Los egipcios convirtieron esto en un complejo sistema de escritura denominado jeroglífica, que usaba más de 700 símbolos diferentes. Los símbolos expresaban ideas, más que palabras y eran usados principalmente para escribir textos sagrados.

LA VIDA DE LOS RICOS

MUEBLES ORNAMENTALES

En Egipto escaseaba la madera, pero los ricos podían pagar por maderas preciosas traídas desde Líbano, como cedro o ébano. Los carpinteros eran hábiles artesanos y decoraban su trabajo con finas incrustaciones y grecas, como se puede apreciar en esta silla.

C on el paso de más de 6000 años, es muy difícil que tengamos en la actualidad un concepto completo de la vida cotidiana en el antiguo Egipto. Como sucede en todas las sociedades de cualquier periodo del pasado, los restos encontrados son las pertenencias de los ricos y, en particular, de la realeza. Las monumentales construcciones, el arte y los artefactos dicen mucho del grado de sofisticación y riqueza de la sociedad egipcia, pero informan muy poco sobre cómo vivía la gente común. La mayoría de los jeroglíficos y escritos hablan del gobierno y los rituales. Si bien sólo podemos especular sobre los estratos más bajos de la sociedad egipcia, estamos seguros de que la clase adinerada y la nobleza disfrutaban de un estilo de vida opulento. La comodidad y la higiene eran elementos importantes de su vida diaria, así como los valores familiares. La mayoría de aristócratas tenía sirvientes o esclavos para las tareas mundanas.

VIDRIO ORNAMENTAL

Las creaciones de vidrio y el esmaltado eran artes bien dominadas por los egipcios. También producían fina porcelana blanca y coloreada de calidad comparable con la de China. Las casas de los ricos exhibían muchas piezas de fino arte, como este hermoso perfumero de vidrio en forma de pez.

JOYERÍA FINA

La joyería egipcia era llamativa por la originalidad de sus diseños. Talentosos metalistas creaban diseños complicados soldando tiras delgadas de metal con azufre fundido. El oro (martillado o fundido) y piedras finas, como la turquesa y la amatista, eran de uso común. Se adornaban con fina cerámica y vidrio coloreado que, para los egipcios, eran casi tan costosos como las piedras semipreciosas.

CUIDADO DE LA APARIENCIA

La mayoría de los egipcios se enorgullecía de su aspecto personal, en especial los ricos, quienes podían costear los más finos materiales. Hombres y mujeres usaban el cabello corto, pero llevaban pelucas profusamente trenzadas y decoradas. Entre más ricos eran, más detallados eran sus tocados, como la diadema de oro incrustada de piedras semipreciosas que se muestra aquí. Parece que ambos sexos usaban cosméticos, en particular maquillaje para los ojos.

CASAS ESPACIOSAS

Las casas de los ricos eran grandes; a menudo ocupaban dos plantas y eran de ladrillo pintado con yeso blanco. Se levantaban sobre terraplenes para protegerlas de la humedad, como se ilustra en el papiro. La mayoría contaba con un jardín pequeño y sombreado, y un estanque ornamental. El interior se encontraba decorado con frescos y murales esmaltados.

ESTILO DE VIDA CÓMODO

Las casas eran muy cómodas, aunque estaban amuebladas con sencillez, haciendo gran uso de maderas exóticas y telas importadas. La mayoría de los muebles tenía tallados con formas muy originales, como garras de león en mesas y sillas. Las camas, que contaban con colchón relleno, también incluían descansos para la cabeza y los pies, así como tablas reclinables para la espalda. El reposacabeza de madera que se muestra aquí quizá se utilizaba durante el día.

LA VIDA DE LOS POBRES

ETERNA ESCENA

Más de 90 % de Egipto es desierto. Casi la única región fértil capaz de sustentar la vida, aparte de los pequeños oasis, era la de las tierras inundadas por el Nilo. Esta fotografía muestra una escena agrícola perenne en Egipto. Muchas de las técnicas agrícolas practicadas en la actualidad son casi las mismas de tiempos ancestrales.

En el antiguo Egipto la vida de los pobres era difícil, sin embargo comparada con la de otras sociedades contemporáneas, se podría decir que incluso eran pudientes y tenían un estándar de vida alto. La mayoría de los campesinos trabajaba en los campos, mientras que otros eran contratados para trabajar en los programas de construcción masiva de los faraones. Casi todos recibían buen trato. Una vida familiar estable era primordial para los egipcios de todas las clases sociales. Se brindaba profundo respeto a los ancianos. Cuando los niños llegaban a la adolescencia, con frecuencia se convertían en sirvientes de familias acaudaladas. Las casas urbanas y rurales eran construidas con lodo seco, combinado con paja y convertido en ladrillos. Eran espaciosas, por lo general de dos niveles, con techos planos en donde se colocaba una ventila para recibir los frescos vientos del norte.

TRANSPORTACIÓN

Poca gente pobre podía poseer carretas, caballos o camellos para transportarse o llevar sus bienes. Su medio más común eran los burros. Había pocos caminos en buen estado, por lo que la transportación siempre era difícil. Los únicos viajes que hacía la mayoría de la gente eran hacia el mercado local y de regreso. En la actualidad, los burros siguen siendo el principal medio de transporte de los egipcios pobres que viven en áreas remotas.

ALOJAMIENTO BÁSICO

Esta maqueta de arcilla reproduce una casa humilde del antiguo Egipto, con portal en arco y pequeñas ventanas para impedir la entrada del calor. Esta reproducción, conocida como "casa del alma", se enterraba junto con su dueño para que la llevara consigo al más allá.

LA MEDIDA DE LA RIQUEZA

La riqueza de un hombre se calculaba por la cantidad de animales que poseía, como chivos y gansos, pero principalmente ganado. Los escribanos registraban los datos y a las personas se les cobraban los impuestos correspondientes. La temporada agrícola en el antiguo Egipto (que se mantuvo igual hasta la construcción de la presa de Asuán en la década de 1960) era regida por la inundación anual del Nilo. Cada año, el río desbordaba sus márgenes y depositaba un espeso limo negro en una vasta extensión de tierras contiguas, volviéndolas muy fértiles. Los agricultores también construyeron canales de riego desde el río hasta sus campos para aumentar sus cultivos tierra adentro.

COMERCIO DE ESCLAVOS

Aunque los antiguos egipcios lograron extender su dominio sobre un pequeño imperio al norte de África y al este del Mediterráneo, no eran un pueblo de naturaleza guerrera. Cuando incursionaban en otras tierras, como Nubia, Etiopía o Líbano, capturaban nativos y los llevaban a Egipto como esclavos. Algunos eran utilizados como sirvientes en las casas de los ricos, pero la mayoría era incorporada a los casi ininterrumpidos programas de construcción de los faraones.

LABOR ARDUA

Este mural de la tumba de Sennudem, en Tebas, data del año 1200 a. C. y muestra las prácticas agrícolas utilizadas en aquella época. Se usa un buey para tirar de un arado de madera muy primitivo. El labrador utiliza un látigo, elaborado con papiro, para espantar las moscas y dirigir a la bestia.

LA SAL DE LA VIDA

Egipto estaba en el centro del mundo conocido y las rutas comerciales más importantes lo atravesaban, por lo que recibía alimentos y especias exóticas de Oriente. Los banquetes eran excepcionalmente fastuosos, con una diversidad de carnes, frutas, vegetales, aves y huevos.

ELABORACIÓN DE VINO

Los egipcios cultivaban uvas y las comían como postre o las utilizaban en la elaboración de vino para los ricos. La bebida alcohólica más común era la cerveza, hecha de cebada. Era espesa y se bebía a través de un sifón.

UN ENDULZANTE

Para endulzar sus alimentos, los egipcios utilizaban por lo general frutas, como los dátiles en puré, o miel. Se mantenían abejas en colmenas cónicas de cerámica, como se muestra aquí. Se les consideraba aves pequeñas y no insectos.

ACTIVIDAD FAMILIAR

Este detalle es de un mural de estuco que se encuentra en la tumba de Sennedjem y en él se ve al propietario del sepulcro y a su esposa trabajando en el campo. No había un sistema agrícola organizado centralmente, por lo que cada familia producía sus alimentos y llevaba al mercado cualquier excedente. Se cree que los egipcios inventaron el primer arado tirado por bueyes, alrededor del 3100 a. C.

ALIMENTOS Y BEBIDAS

La mayoría de los egipcios, al parecer, comía muy bien, a pesar de que llegaban a sufrir de plagas periódicas (como langostas) que destruían las cosechas y provocaban hambrunas. Sus métodos agrícolas eran casi primitivos (considerando la sofisticación generalizada de su sociedad) y la mayoría practicaba una forma de agricultura de subsistencia, cultivando sólo lo suficiente para el autoconsumo. Sin embargo, el egipcio promedio podía elegir entre una amplia variedad de alimentos, como carnes, pescado, vegetales (cebolla, puerro y ajo) y frutas (uvas, higos, dátiles y granadas). También perfeccionaron la técnica de la incubación artificial de pollos para asegurar el suministro abundante de aves. Tenían una gran predilección por el vino, en especial entre los ricos, y lo elaboraban con uvas y dátiles. Durante el siglo VII d. C., Egipto fue invadido por los árabes, que cambiaron muchas de sus costumbres fundamentales.

El islam se convirtió en la religión oficial y como los musulmanes tienen prohibido beber alcohol, bajó la producción de vino y cerveza.

FOGONES AL AIRE LIBRE

La elaboración de platillos por lo general se hacía en hornos de arcilla o fogones al aire libre alimentados con carbón, como se muestra aquí. La cocina con frecuencia se encontraba afuera, lejos de la sala, para evitar incendios u olores. El joven de esta escultura de madera, atiza el fuego para cocinar el pato que trae en la mano.

EL OFICIO DE CARNICERO

Los egipcios ricos disfrutaban de una variedad de carnes: cordero, res, aves y animales no domesticados, como la de antílope, que se muestra aquí. Con frecuencia, los carniceros regalaban parte de los animales sacrificados con fines religiosos.
La gente pobre no podía adquirir la carne, por lo que la sustituían con pescado, algo gratuito y ampliamente disponible.

FIBRA ALIMENTICIA

La dieta egipcia contenía bastante fibra, pues la harina para elaborar pan se molía muy poco. El pan, hecho con cebada y trigo, era básico en la alimentación de la mayoría de los egipcios. Las hogazas eran colocadas en moldes redondos y planos. Los panaderos hacían también diversos pasteles con frutas, como higos o dátiles.

PASATIEMPOS

La mayor parte de lo que se conserva del antiguo Egipto parece indicar que, sin duda, en su apogeo, en las dinastías XVIII y XIX (entre 1550 y 1196 a. C.) la vida en general era buena para la mayoría de la gente. Dedicaban gran parte de su tiempo al entretenimiento, lo cual indica una sociedad rica. La gente de sociedades más pobres por lo general se ha encontrado más preocupada por asuntos esenciales de la vida, como conseguir alimento y albergue. Eso no sucedía con los egipcios. Su sociedad era refinada y organizada, lo cual se reflejaba en la naturaleza de sus pasatiempos. Muchos de éstos eran actividades familiares o individuales. Aparentemente, no participaban en entretenimientos multitudinarios, en teatros o estadios, como lo hicieron los griegos o romanos.

¿ORIGEN DE LAS OLIMPIADAS?

Este relieve de dos hombres boxeando procede del templo de Ramsés III. Los egipcios se ejercitaban para mantenerse en forma. Otros deportes populares eran la lucha libre, la gimnasia y las competencias de botes, que pudieron haber inspirado las Olimpiadas Griegas.

GITANOS

Los actuales gitanos quizá no descienden de los europeos orientales, como se ha sugerido en ocasiones, sino de los egipcios que abandonaron su tierra con la ocupación griega. Muchos pasatiempos gitanos tradicionales, como las carreras de caballos y los cantos y danzas comunales, quizá también se practicaron en el antiguo Egipto.

BAILARINAS EXÓTICAS

Un pasatiempo popular en el palacio del rey, o durante banquetes celebrados por los ricos, eran el canto y la danza. Jóvenes servidoras de la corte se sometían a un riguroso adiestramiento en danza y realizaban sus interpretaciones, en ocasiones, desnudas junto con gimnastas y malabaristas. La danza solía acompañar también fiestas religiosas.

LA PRIMER ARPA

Se cree que los egipcios inventaron el arpa (izquierda) hacia el año 3100 a. C. Las arpas variaban en tamaño, desde las pequeñas, parecidas a la lira, hasta las que rebasaban en altura a un hombre, con una caja de resonancia de madera. Otros instrumentos antiguos eran la flauta, de juncos huecos, los platillos de bronce y los tamborines.

SENET

Este tablero de senet elaborado de madera es al mismo tiempo una caja para guardar las piezas del juego. El tablero está dividido en 30 cuadros y fue fabricado hacia el 1200 a. C.

JUEGOS DE MESA

Los juegos de mesa eran muy populares entre los egipcios. El más popular era el senet, en el que dos jugadores trataban de llegar al reino de los dioses. En el ejemplo de la izquierda, el tablero está dibujado en una hoja de papiro. Otros juegos, más conocidos en la actualidad, eran el backgammon y el ajedrez. Uno de los juegos más antiguos que se descubrió es la "serpiente", en el que los jugadores movían las piezas en un tablero en espiral, hacia la cabeza de serpiente ubicada en el centro.

VALORES FAMILIARES

La sociedad egipcia, en todos los estratos, daba gran importancia a los valores familiares. Las familias eran muy numerosas, de 8 a 12 hijos. Si bien se esperaba que los niños trabajaran, tenían bastante tiempo para jugar. Los egipcios eran grandes narradores y todos se reunían para escuchar al padre relatar historias de dioses y hazañas heroicas.

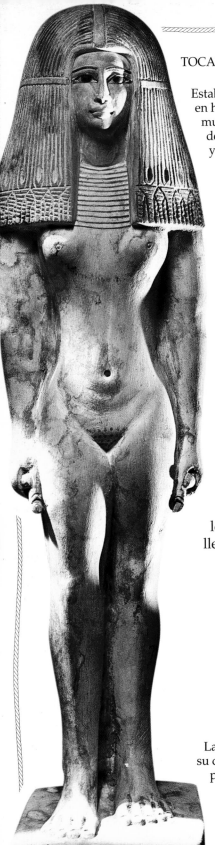

TOCADO

Estaba de moda, tanto en hombres como en mujeres, utilizar pelucas de cabello humano y fijadas con cera, o tocados. En ocasiones, éstos tenían forma de sombreros elaborados con aros rígidos de material fino, o semejaban pelucas, con cabello finamente trenzado y decorado con joyas. Para las clases más pobres, que tenían que trabajar bajo el ardiente sol egipcio, bastaban las gorras o tocas.

MODA

A todos los egipcios les gustaba adornar sus cuerpos con cosméticos de colores brillantes o con joyería; incluso a las clases más pobres, quienes utilizaban materiales baratos. La apariencia personal y la higiene eran muy importantes para ellos, y prestaban gran atención a la moda. Egipto era el centro de la mayoría de las rutas comerciales hacia el Mediterráneo y el Este, y se adquirían con rapidez nuevos materiales traídos de lugares como India. Debido al clima caluroso, la mayoría de la ropa era sencilla, ligera y holgada. Los hombres por lo general vestían sólo un faldellín o un taparrabo. Las mujeres usaban faldas o vestidos, similares a los saris hindúes. Se sabe que muchas mujeres preferían permanecer con el torso desnudo y era común que los niños menores de 12 años no llevaran ropa.

PEINADOS

La mayoría de hombres y mujeres cortaban su cabello a rape. Les gustaba usar pelucas o postizos, fijados con horquillas de madera o hueso. Los peines de madera o, como el que se muestra aquí, de marfil, con sus finísimos dientes, se usaban para realizar elaborados peinados en las pelucas.

CALZADO

Esta imagen muestra la producción de papiro, usado para elaborar una amplia variedad de objetos, como los zapatos. En raras ocasiones se hacían zapatos de piel, la mayoría del calzado eran sandalias sencillas hechas con carrizos de papiro. Su fabricación era barata y se les remplazaba fácilmente, por lo que eran preferidas por personas de todas las clases, hasta por la realeza y los sacerdotes.

Histoire du papier. 2.
Fabricants de papier égyptiens.

CUERPO HERMOSO

Los cosméticos tenían un uso constante y se guardaban en recipientes finamente tallados, como el que se muestra arriba. El rímel verde para los ojos, hecho de malaquita, era muy popular entre hombres y mujeres.

ADORNOS

La clase más pobre utilizaba joyería, como anillos o pulseras, elaborada con metales baratos y decorada con piezas de arcilla pintada de colores brillantes. Los ricos utilizaban mucho el oro y las piedras preciosas, obtenidos con facilidad del Oriente. Los metalisteros se volvieron especialistas en la producción de joyería mediante el moldeo de tiras de metal en formas creativas o por vaciado. Este collar de oro y lapislázuli (izquierda) y el pectoral de escarabajo (derecha) proceden de la tumba de Tutankamón.

VESTIDO PLISADO

Las mujeres solían usar vestidos largos y holgados, a menudo elaborados en una sola pieza de tela y plisados. Se cree que la túnica de la derecha es la prenda más antigua del mundo, data de, aproximadamente, el año 3000 a. C.

ARTE Y ARQUITECTURA

*U*no de los aspectos más asombrosos de los restos del antiguo Egipto es la escala monumental de su arquitectura. Sin tratar de ninguna manera de restar mérito a las habilidades de los constructores responsables, nada es lo que parece a primera vista. Muchos de los enormes monumentos fueron esculpidos a partir de roca sólida; una tarea increíble por sí sola, por supuesto, pero quizá más asociada al arte que a la arquitectura. Por ejemplo, la esfinge en Gizeh fue creada de esta manera como muchas de las estatuas monolíticas y pórticos de entrada a los templos. Incluso la Gran Pirámide contiene un túmulo inmenso de lecho de roca en su centro. Conocemos mucho acerca de la vida cotidiana en el antiguo Egipto a partir de los grabados y relieves tallados en los muros y columnas de los templos. La forma angular de estos tallados es muy diferente a la de las enormes estatuas, las cuales se esculpían usando una perspectiva perfecta; un logro notable considerando su gran altura. Los egipcios crearon muchas extraordinarias obras de arte, incluyendo frescos, estatuas, cerámica y joyería, pero las consideraban parte de la vida misma y no como objetos separados.

ARTE MONUMENTAL

La mayoría de obras de arte y arquitectura más relevantes que aún perduran provienen de los templos y las tumbas. Construidas a gran escala, no representan a toda la antigua sociedad egipcia. Nunca más se crearon obras monumentales de esa clase, ni siquiera en la Grecia y Roma clásicas. Esta imagen muestra al rey Ramsés el *Grande* en Luxor.

LICENCIA ARTÍSTICA

El arte se consideraba no sólo una parte esencial de la arquitectura, sino de la vida misma. Narraba una historia e intentaba colocar todo en un orden natural. Los textos y jeroglíficos anexos explicaban lo que el artista plasmaba.

TEMPLO DE ABU SIMBEL

Ramsés II era algo presuntuoso y revivió el estilo arquitectónico de construcción a niveles colosales que habían ignorado sus predecesores. Se hizo erigir una gran cantidad de enormes estatuas de su persona por todo Egipto. En Abu Simbel, en la parte superior del Nilo, construyó un templo impresionante para sí mismo y para tres dioses (Amón, Ra-Harakhty y Ptah). En la parte delantera hay cuatro colosos sedentes de su persona.

OBELISCOS

Los obeliscos son monolitos altos y rectangulares rematados en pico. Por lo general, eran colocados en pares a la entrada de los templos. Los jeroglíficos tallados en sus partes laterales señalaban quiénes los habían construido y a qué deidad estaban consagrados. Éste, junto con las colosales estatuas de Ramsés II, pueden apreciarse en Luxor.

TEMPLO DE KARNAK

Los egipcios nunca dominaron el uso de los arcos, en cambio, techaban sus inmensos edificios con enormes losas o acartelamiento, colocando una serie de planchas, cada una apoyada en la anterior en niveles descendentes hasta cerrar el claro. Esta imagen muestra un templo de Karnak construido por Ramsés II.

LAS PIRÁMIDES

Las majestuosas pirámides de Gizeh fueron construidas como tumbas de poderosos faraones egipcios. La Gran Pirámide (derecha) fue construida hacia el 2551 a. C. para alojar la momia del rey Khufu. Ésta se encontraba depositada en una cámara secreta, para protegerla de los saqueadores de tumbas, junto con tesoros que el difunto llevaría al más allá. A pesar de las entradas ocultas y los pasajes bloqueados, la tumba de Khufu fue inevitablemente saqueada y el túnel del ladrón se convirtió en el acceso principal. La pirámide fue construida con enorme precisión, tiene 146.6 metros de altura; contiene alrededor de 2 300 000 bloques de piedra y la base se encuentra nivelada a 2.1 cm.

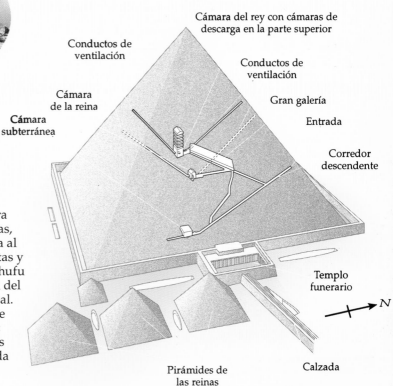

Cámara del rey con cámaras de descarga en la parte superior

Conductos de ventilación

Conductos de ventilación

Cámara de la reina

Cámara subterránea

Gran galería

Entrada

Corredor descendente

Templo funerario

N

Pirámides de las reinas

Calzada

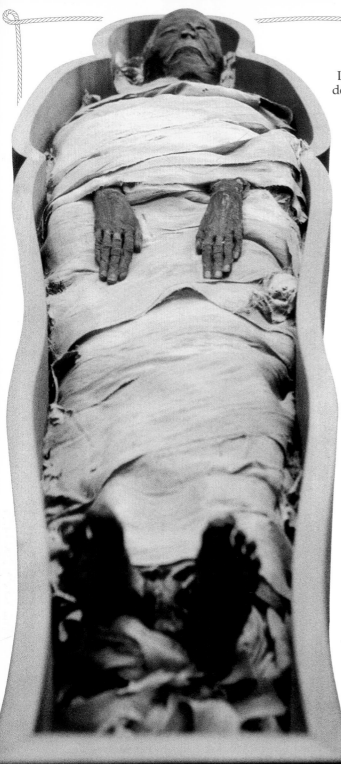

EMBALSAMADO

Los embalsamadores sabían de anatomía, aunque no eran médicos. Comprendían las causas de la putrefacción corporal, por lo que extraían todos los órganos internos y bombeaban una sustancia bituminosa dentro del cuerpo para preservarlo en su viaje hacia el más allá. De manera increíble, ¡el cerebro era retirado a través de las fosas nasales!

MÉDICOS SACERDOTES

En los inicios de su civilización, los egipcios consideraban que la enfermedad se debía a la invasión del cuerpo por espíritus malignos. Antes de que se les permitiera a los médicos ejercer la medicina, sólo los sacerdotes podían atender a los enfermos que llegaban a los templos, como éste en Edfou, para recibir tratamiento.

ANATOMÍA

Dado que los egipcios creían en el más allá, los médicos tenían prohibido cortar cadáveres humanos. Tenían que recurrir a la disección y estudio de animales para aprender anatomía. Sabían que el corazón era el centro del sistema circulatorio y las diversas funciones de los órganos internos y el cerebro.

SALUD Y MEDICINA

*L*os antiguos egipcios poseían notables aptitudes médicas. Los textos que aún se conservan también revelan que conocían la anatomía humana con sorprendente exactitud. Sin embargo, el tratamiento médico era una extraña combinación de magia y ciencia. Con frecuencia los médicos y hechiceros trabajaban unidos para preparar pociones destinadas a alejar espíritus malignos. Se creía que muchos padecimientos eran causados por seres en forma de gusano que debían ser expulsados del cuerpo. La mayoría de sus remedios herbales, como el ajo, utilizado tanto en cocina como en medicina, se siguen aprovechando en la actualidad. Los talismanes mágicos en forma de amuletos se usaban para proteger de la enfermedad y se hacían ofrendas votivas o sacrificios a los dioses. Puesto que los egipcios creían en el más allá, no pensaban que la mala salud era algo exclusivo de los vivos, de manera que enterraban amuletos mágicos junto a sus difuntos para que los protegieran en el inframundo. La esperanza de vida era, en general, elevada, por eso muchos egipcios llegaban a los 80 o más años.

ODONTOLOGÍA

Este relieve procede de la tumba de Hesire, dentista y médico principal del rey, data del 2700 a. C. Los estudios efectuados en momias revelan que poseían avanzados conocimientos en odontología. Los médicos egipcios no practicaban la medicina general, sino que se especializaban en una parte del cuerpo.

SALUD PÚBLICA

El historiador griego Diódoro Sículo señalaba que el Estado de Egipto cubría los salarios de los médicos, permitiéndoles dar tratamiento gratuito a las personas durante época de guerra o en cualquier viaje dentro de Egipto. Los sacerdotes, en particular, debían mantenerse sanos y estaban obligados a obedecer estrictos códigos de higiene, por ejemplo, debían afeitarse por completo la cabeza, como se muestra aquí.

AIRE PURO

Inhalar el aroma de la sagrada flor de loto protegía contra enfermedades. Los egipcios conocían las propiedades curativas de varias plantas, como la cicuta y el opio, que convertían en ungüentos y enjuagues bucales.

AMOR Y MATRIMONIO

AMOR LEGENDARIO

Existen pruebas de casamientos entre hermanos y hermanas permitidos en el antiguo Egipto, por lo general entre la realeza. En la religión, la diosa celestial Nut estaba casada con su hermano, el dios terrenal Geb, aquí mostrados.

En la sociedad egipcia, la gente común vivía con un ritmo de vida algo relajado en el que gozaban de tiempo libre para el placer y la socialización. Después de los 12 años de edad, los niños eran considerados adultos jóvenes y podían contraer matrimonio, en especial las niñas, cuyas expectativas profesionales eran más limitadas que las de los varones. Después del matrimonio, los hombres estaban obligados a sostener a su familia; la responsabilidad de cuidar a parientes ancianos recaía en la mujer. Pese a que se esperaba que los sacerdotes dedicaran sus vidas a los dioses y desempeñaran sus oficios en representación del faraón, ellos ocupaban un rango muy elevado en la jerarquía social y podían contraer matrimonio y tener familia. Se veían beneficiados por una forma muy privilegiada de herencia que les permitía adquirir abundantes riquezas y tierras, que poseía colectivamente todo el sacerdocio. A los hijos de los sacerdotes se les permitía heredar esta gran riqueza, además disfrutaban de una elevada posición social.

DIOSA DE LA FERTILIDAD

La diosa egipcia de la fertilidad era Taweret, generalmente representada como una hipopótama preñada. Con frecuencia, Taweret muestra un semblante feroz para alejar la maldad durante el parto. Las mujeres elevaban plegarias y le hacían ofrendas durante su embarazo. Sin embargo, a los hipopótamos se les consideraba perversos, en especial a los machos, a los que se tenía por enemigos de los dioses Osiris y Horus.

VIRTUDES FAMILIARES

Todos los estudios señalan a los antiguos egipcios como personas pacíficas y respetuosas de las reglas sociales. Las jóvenes solteras de posición social elevada iban acompañadas de chaperones a sus citas y la mayoría de los matrimonios eran pactados por los padres de ambos para asegurar una unión más conveniente o para garantizar un ingreso o herencia. Éste era el caso en especial con las mujeres, quienes pocas veces tenían un ingreso.

PODER FEMENIL

El antiguo Egipto era una sociedad totalmente patriarcal, aunque las mujeres casadas con nobles importantes podían ejercer gran influencia de forma velada. Las mujeres se reunían en la corte, bajo la protección de la diosa Hathor para suplicar por sus esposos. Además no renunciaban con facilidad al estatus adquirido. Esta pareja devota quizá permaneció casada toda su vida, como era común en las clases altas; las pelucas pesadas indicaban su riqueza.

PAREJA DEVOTA

A diferencia de otras sociedades del Medio Oriente, los antiguos egipcios eran monógamos (a los hombres sólo se les permitía tener una esposa a la vez), quizá algunos faraones y nobles tuvieron más de una. Aparentemente era muy fácil para las personas de todas las clases sociales obtener la anulación de su matrimonio. Esta estela (especie de inscripción religiosa colocada dentro de la tumba, como lápida) muestra a una pareja devota que comparte la misma tumba y que presuntamente esperaba viajar junta al más allá.

CEREMONIA NUPCIAL

Este fresco muestra al nubio Sennufer desposando a su novia. Reciben la consagración con agua bendita del sumo sacerdote, de un recipiente sagrado denominado situla. Las novias con frecuencia portaban flores de loto sagrado en su cabello como símbolo de buena suerte, o pomos delicadamente perfumados sujetos a sus complicadas pelucas.

MUJERES Y NIÑOS

La antigua sociedad egipcia era dominada por los hombres, aunque había algunas mujeres en posiciones de poder o autoridad, no obstante, ellas representaban un papel importante en la consecución de un ambiente familiar estable. Sólo los ricos podían mantener sirvientes o esclavos que realizaran las tareas más arduas. En la mayoría de las familias, la responsabilidad de atender la casa, cuidar a los niños, cocinar y limpiar recaía en la mujer. Había pocas profesiones abiertas a las mujeres. La mayoría de médicos y sacerdotes eran hombres, aunque, de manera ocasional, una mujer de alto nivel social podía convertirse en sacerdotisa. Aun así, el dominio masculino era más costumbre que ley.

JUEGOS PARA NIÑOS

Estas figurillas muestran a niños cargando modelos en forma de aves. Éstos se ponían a flotar en el agua como los barcos a escala de la actualidad. Muchos juegos modernos pueden estar originados en la época egipcia, como los juegos de salto, cargar en hombros y estira y afloja con una cuerda.

CLEOPATRA

Del año 1000 a. C. en adelante, Egipto sufrió continuas invasiones entre ellas la de los griegos, bajo las órdenes de Alejandro Magno. Cleopatra VII (arriba), aunque de origen griego, fue la última en la larga lista de soberanos de Egipto. Algo poco común para una mujer reinó por derecho propio. Tuvo una desastrosa relación con el general romano Marco Antonio, y juntos desafiaron el poderío de Roma. Sus ejércitos combinados fueron derrotados por Octavio en el año 30 d. C. y Cleopatra se suicidó. A partir de ahí, Egipto se convirtió en sólo una provincia romana, regida por los emperadores.

TRADICIÓN ANCESTRAL

Dos de las funciones principales de las mujeres eran: confeccionar ropa para la familia y lavarla. El material más común era el lino, del que se usaba el tallo de la planta para fabricar una tela resistente y durable. El primer telar apareció en Egipto hacia el año 3000 a. C.

LA REINA NEFERTITI

En el antiguo Egipto, las mujeres casi no reinaban por derecho propio, aunque hubo algunas destacadas excepciones. La reina Nefertiti, quien gobernó junto con su esposo Akenatón, fue muy odiada y, después de su muerte, los nombres de ambos se eliminaron de muchos libros e inscripciones. Ellos prohibieron la veneración de los dioses antiguos, como Amón-Ra, favoreciendo así a Atón, un dios solar. Hacia el año 1333 a. C., Tutankamón restableció el culto a los dioses antiguos.

COSECHAS

Gran parte del trabajo agrícola era realizado por mujeres y niños. La mujer de la ilustración selecciona fruta mientras carga a su hijo.

GALERAS

Las galeras de guerra egipcias tenían la forma de enormes barcazas, usadas sólo para transportar hombres y suministros. En ocasiones eran equipadas con un enorme ariete en la proa para hundir barcos enemigos.

FINOS CUCHILLOS

Las batallas egipcias seguían casi siempre el mismo plan básico. Primero, los arqueros (a menudo montados en carros) disparaban una lluvia de flechas sobre el enemigo, seguidos por lanceros que los obligaban a retroceder. En la etapa final, cuando el enemigo se encontraba desorganizado, se enviaba a los espadachines, con dagas o espadas cortas. Se usaban más como armas de corte que de golpeo, por lo que las cuchillas frecuentemente eran de cobre que, aunque más blando que el bronce, se podían afilar mejor. Las dagas bellamente grabadas (como aquí se muestran) provienen de la tumba de Tutankamón.

CUADRIGAS

Hacia el año 3000 a. C., los sumerios incorporaron ruedas por primera vez a las cuadrigas (anteriormente parecían trineos). Tiempo después, se inventaron las cuadrigas de guerra. Eran vehículos de dos ruedas, tirados por caballos, que transportaban a dos hombres: el conductor y un soldado. No tenían asientos, sólo una plataforma desde la cual el soldado atacaba al enemigo con arco o lanza mientras el conductor acometía las líneas enemigas. Egipto siguió de inmediato el ejemplo de Sumeria y adoptó las cuadrigas de guerra, obteniendo ventaja militar sobre sus enemigos.

GUERRA Y ARMAMENTO

ntre los años 5000 y 3100 a. C., florecieron dos reinos individuales: Alto y Bajo Egipto. Hacia el año 3100 a. C., el rey Menes unió los dos reinos y fundó la primera dinastía. La civilización egipcia floreció después de esa fecha, los asentamientos se centraron principalmente en el mismo valle del Nilo. Durante el periodo del Imperio Nuevo (1550-1070 a. C.), Egipto extendió sus dominios para formar un pequeño imperio, que abarcaba desde Nubia en el sur hasta Sumeria y Siria en el norte. Si bien, en general, no se trataba de una nación guerrera, Egipto adoptó una postura agresiva hacia sus vecinos, con el fin de proteger sus fronteras. Era un país rico y con frecuencia atraía la atención de otras naciones, por lo que la prioridad de su ejército se concentraba en proteger sus fronteras. Posteriormente, Egipto fue sometido a oleadas sucesivas de invasiones, fue cuando decayó la grandeza de su primera civilización y llegó a convertirse en una simple provincia, primero de los persas, luego de los griegos, romanos y árabes, quienes sustituyeron la cultura egipcia por la suya.

TÁCTICAS

El ejército era una maquinaria de combate muy bien organizada y disciplinada. Las tácticas comunes eran ordenar a las divisiones de 50 soldados aproximadamente que marcharan en línea recta hacia las filas del enemigo y lo abatieran con el peso de sus multitudes. El faraón por lo general participaba en campañas militares. Aquí se puede apreciar a Ramsés II derrotando a sus enemigos nubios, libios y sirios.

GUERREROS

Las armas favoritas del ejército egipcio eran las lanzas y las hachas de guerra. Con frecuencia, las hachas eran muy detalladas, con cabezas de bronce. Los soldados portaban, por lo general, una armadura ligera, cascos y grandes escudos de madera, para protegerse de las flechas o las lanzas arrojadas por el enemigo.

PROTECCIÓN DE LOS DIOSES

Cuando los egipcios emprendían una campaña militar, invocaban el poder de los dioses para que los protegiera y ayudara a vencer a sus enemigos. Las guerras se libraban con gran esplendor y ceremonia, con trompetistas acompañando al ejército. Se colocaba un mástil en la cuadriga del emperador, decorado con la cabeza de un carnero y un símbolo del Sol para representar a Amón-Ra. Podían acompañar al ejército muchos otros dioses, como Khansu, el dios de la Luna, que se muestra aquí.

CRIMEN Y CASTIGO

L a sociedad egipcia imponía estrictos códigos legales que se esperaba fueran obedecidos por todos. Según parámetros modernos, algunas de esas leyes podrían parecer severas, pero la mayoría de los faraones se basaba en la suposición de que, si los ciudadanos se mantenían bien protegidos en contra del crimen, no sólo estarían complacidos sino que retribuirían más a la sociedad. Algunas leyes se introdujeron para lograr una mejor higiene, como la circuncisión obligatoria. Era deber de la población prevenir o informar de los delitos, o acudir para ayudar a alguien en caso de que se encontrara en peligro. No hacerlo era un delito en sí mismo. Los crímenes cometidos por mujeres eran castigados con la mutilación: para quitarles la belleza, a las mujeres adúlteras se les arrancaba la nariz; si una mujer embarazada cometía un crimen era castigada hasta después de dar a luz. A los falsificadores se les cortaban las manos y a los culpables de traición se les cortaba la lengua; un soldado que cometía un delito debía pagar su culpa realizando un acto heroico.

FALSIFICACIÓN

Egipto introdujo un sistema de monedas acuñadas en el año 525 a. C., cuando fue invadido por los persas. Después de esa fecha, se le cortaban las manos a quien era sorprendido falsificándolas. La moneda de oro de la imagen es de la época de Cleopatra (c. 40 d. C.).

EL DIOS QUE TODO LO VE

Se creía que el faraón era la encarnación de Horus, dios celestial con cabeza de halcón. Era un dios todopoderoso que lo veía todo y se aseguraba de que cada ciudadano recibiera protección. Si una persona culpable eludía la acusación y el castigo mientras vivía, todavía podría pagar por su delito en la muerte. Si era acusada justificadamente, incluso después de muerta, podrían negársele los ritos funerarios, arrebatándosele la oportunidad de ingresar en la otra vida.

COMERCIO DE ESCLAVOS

Este relieve del templo de Ramsés III muestra a filisteos conducidos al cautiverio, unidos por una cuerda atada al cuello. La sociedad egipcia utilizaba ampliamente a los esclavos capturados en países derrotados, en particular en los años del Imperio Nuevo, después de 1550 a. C. Los esclavos proporcionaban gran parte del trabajo requerido en los programas de construcción masiva de los faraones, donde muchos de ellos murieron.

DEBER CIUDADANO

En gran medida, la sociedad egipcia realizaba su propia vigilancia policiaca. Era deber de todo ciudadano impedir los delitos y hacer un seguimiento del castigo por los mismos. Todos tenían derecho de acusar y enjuiciar a un criminal. Si los testigos no cumplían con su deber, eran azotados con ramas.

LEY DE DECLARACIÓN

Cada año, todos los individuos debían proporcionar al magistrado de la provincia donde vivían, un informe escrito en el que manifestaban cómo se ganaban la vida legalmente, ya fuera como panaderos, como se muestra arriba, o como pastores o escribanos. Si no lo hacían, se daba por hecho que actuaban ilegalmente y eran ejecutados.

HONOR ENTRE LADRONES

Entre otras cosas, Thoth era el dios de la sabiduría y la verdad. Tenía la capacidad de conocer la maldad que yacía en los corazones de los hombres y visto aquí, en forma de babuino, atrapando a un ladrón. Extrañamente, los ladrones podían registrar su actividad y declarar sus ganancias ante un funcionario, pero si una de sus víctimas describía con precisión sus pertenencias, podía exigir la devolución de 75 % de éstas; el restante quedaba en poder del ladrón.

TRANSPORTE Y CIENCIA

Los antiguos egipcios introdujeron o desarrollaron muchas ideas nuevas. Varias de ellas, como el torno de alfarería, todavía se siguen usando. Se cree que Egipto (y, de hecho, todo el norte de África) era menos árido que en la actualidad, materiales naturales, como la madera, nunca fueron abundantes, sin embargo, la piedra y el papiro sí lo eran, y los egipcios eran tan ingeniosos que aprovecharon al máximo estos recursos. El papiro es un junco de tallo triangular que alcanza una altura de hasta 3 metros. Se usaban todas las partes de la planta, de forma tan amplia que casi desapareció por completo, aunque actualmente se ha introducido de nuevo en Egipto. Dado que la mayoría de los núcleos de población se encontraban dispersos a lo largo del Nilo, la mayoría de los viajes prolongados se hacían en barco. Los barcos egipcios no eran tan sólidos para navegar en el mar, por lo que eran utilizados principalmente en las tranquilas aguas del Nilo.

PALANQUÍN

El rey y otros importantes dignatarios eran transportados en una cuadriga o en un carruaje decorado cuando se trataba de viajes largos. En viajes cortos por la ciudad, eran llevados por cuatro sirvientes en un palanquín, que era una silla con doseles apoyada en dos postes.

TIEMPOS INMEMORIALES

Los sacerdotes egipcios también eran astrónomos. Al estudiar los movimientos de los cuerpos celestes, pudieron predecir diversos fenómenos naturales, los cuales utilizaban en las ceremonias religiosas. Inventaron un calendario anual de 365 días, dividido en 12 meses iguales de 30 días, seguidos por cinco días "complementarios".

VEHÍCULOS CON RUEDAS

Se cree que los sumerios crearon el primer vehículo con ruedas hacia el año 3000 a. C. Tiempo después, la idea fue copiada y desarrollada por los egipcios, quienes construyeron vehículos más detallados, aunque actualmente ya no se conserva ninguno. (Este es uno de los últimos ejemplares del siglo IX d. C.)

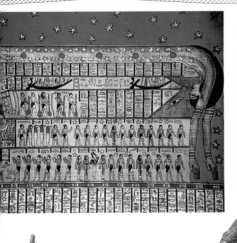

EL DIOS CELESTIAL

Los egipcios estudiaban los cielos con gran detalle y dieron forma a una teoría bastante aceptable del origen del universo. Consideraban el caos primigenio del universo como agua (Nun). El dios solar Atón emergió del mar como tierra (como lo hacía Egipto tras la inundación anual). A partir de esto, se creó el aire (Shu), la humedad (Tefnut), la tierra (Geb) y el cielo (Nut). Nut visitaba a su esposo terrenal a diario descendiendo de los cielos y creando la noche. Los eclipses sucedían porque supuestamente Nut se escapaba para visitar a Geb durante el día.

BOTES DE JUNCO

La mayoría de los botes usados en el antiguo Egipto no eran de madera, por ser costosa y difícil de obtener, sino de papiro, más fácil de conseguir. Los juncos se sujetaban fuertemente en fajos y luego se amarraban a un armazón, como los techos de paja. Se les confería mayor resistencia al agua uniendo varias capas, que se podían sustituir fácilmente si se pudrían o dañaban. Los pescadores utilizaban balsas de papiro impulsadas por remos.

ANOTANDO TODO

Se utilizaban tiras planas de papiro para formar un papel suave y durable, por lo general cortado en tamaños determinados y conservado en rollos. Incluso las plumas para escribir eran de papiro.

TRANSPORTE DE RÍO

Este modelo, encontrado en una tumba, es probablemente un ejemplo de los numerosos botes que navegaban por el Nilo. Impulsado por remos y una pequeña vela y dirigido con un remo grande en la popa como timón.

THOTH

Según los escritos sagrados del antiguo Egipto, Thoth era la inteligencia divina del universo y había enseñado al hombre el lenguaje articulado, la escritura, el arte, la música, la arquitectura, las matemáticas y la asignación de nombres. Era el dios de la Luna y con frecuencia se le representaba con el ibis, cuyo pico curvo semeja una Luna creciente.

ANUBIS

Anubis, el dios de la momificación, era representado por un chacal. Los chacales frecuentaban los cementerios (probablemente para comerse los cadáveres), aun así se les consideraba protectores de los difuntos. El sacerdote de la imagen (usa una máscara de chacal) abre la boca de un difunto durante el proceso de momificación para restablecer el uso de los sentidos, restituyendo así la vida en el más allá.

LA ESFINGE

La esfinge: mitad hombre, mitad león, se yergue dentro del extraordinario complejo de monumentos de Gizeh, tallada en un monolito hacia el año 2500 a. C., mide 73.5 metros de longitud y 20 metros de altura. Originalmente, la cabeza estaba decorada de forma majestuosa. Su propósito sigue siendo un misterio, quizá fue hecha para proteger la tumba del faraón.

CULTO A LOS MUERTOS

Los antiguos egipcios consideraban a la muerte como sólo una fase temporal entre esta vida y el más allá. Los cuerpos de los difuntos eran preservados mediante la momificación y se escribían conjuros sobre los féretros. El difunto era enterrado con pasajes del *Libro de los Muertos* (detalle mostrado a la derecha), los cuales serían recitados por él para asegurar su tránsito hacia la otra vida.

RELIGIÓN

EL TEMPLO DE KARNAK

El magnífico templo de Karnak comenzó a construirse entre 1504 y 1592 a. C. Las columnas y los muros están decorados con grabados de lotos y papiros, dos de los símbolos más perdurables del antiguo Egipto. Ese templo, como muchos otros, estaba consagrado a Amón-Ra, protector de los faraones. Amón-Ra es la combinación de Amón (que significa "oculto") y Ra (el dios del Sol). Se le consideraba el "gran ser primordial"; "el único dios verdadero".

Existían centenares de dioses y diosas en el antiguo Egipto, muchos de los cuales se manifestaban en la tierra como animales. Cuando los sacerdotes realizaban sus rituales, con frecuencia usaban la máscara del animal apropiado para dar la impresión a las masas, en su mayoría incultas, de que eran el dios real. No es fácil desentrañar las complejidades de los dioses egipcios, dado que el mismo animal podía representar a dioses diferentes en distintas regiones. Sin embargo, el único "dios verdadero" y rey de todos los demás dioses, era Amón-Ra, el dios del Sol. Los antiguos egipcios poseían bibliotecas cuyos libros eran en su mayoría textos sagrados y muchos otros que abordaban la creencia en una vida después de la muerte. Creían en un inframundo, llamado Duat, por el que los muertos tenían que hacer una penosa travesía para llegar a una especie de "tierra prometida". Para ayudarlos en su viaje, los cuerpos eran momificados (o preservados) y se les proporcionaban conjuros para protegerlos de los males que pudieran encontrar.

LA TRÍADA SAGRADA

Amón-Ra era considerado una tríada de dioses: Amón (el padre), Mut (la madre) y Khons (el hijo). Se manifestaban en la tierra como Osiris, Isis y Horus, respectivamente.

ISIS

Esta figurilla representa a la diosa Isis, amamantando a su hijo Horus. Isis y Osiris recibieron instrucciones de Thoth para que civilizaran a la especie humana y la alejaran de los hábitos animales. Isis era diosa de la fertilidad, se le relacionaba con la madre tierra y el ciclo de nacimiento, muerte y renacimiento en la otra vida. Sus altares en los templos con frecuencia eran atendidos por mujeres. Los romanos la incluyeron en su religión tras conquistar Egipto.

LEGADO DEL PASADO

Increíblemente, el conjunto de pirámides de Gizeh (fotografía principal), que incluye la Gran Pirámide de Khufu, legado eterno de una de las civilizaciones más grandiosas del mundo se encuentra a corta distancia de la moderna ciudad de El Cairo. A pesar de que no se le reconoce como la civilización más antigua (alguna vez se pensó que lo era), ha dejado una impresión perdurable, indudablemente, en lo que se refiere a la monumental herencia de su arquitectura. Los antiguos griegos se vieron directamente influidos por lo que encontraron ahí, lo cual fue decisivo en el desarrollo de su civilización y, a su vez, en el de la romana. También se cree que los egipcios fueron los primeros en crear la unidad de tiempo llamada "semana", asignando a los días el nombre de cada uno de los cinco planetas conocidos (Marte, Mercurio, Júpiter, Venus y Saturno), además del Sol y la Luna.

EL TESORO DE TUTANKAMÓN

El rey Tutankamón vivió durante la dinastía XVIII y murió a los 18 años de edad en 1344 a. C. Cuando su tumba fue abierta en 1922, era la única de un faraón, descubierta hasta esa fecha, que había logrado permanecer intacta. Dentro se encontró una asombrosa colección de joyería, artefactos y arte decorativo, hallazgo sin igual relacionado con el mundo antiguo. Su fastuosa máscara funeraria, que se muestra arriba, es de oro, con incrustaciones de lapislázuli. Los tesoros encontrados en la tumba se exponen en todo el mundo y siempre despiertan gran interés. Su exhibición en el Museo de El Cairo es actualmente una de las principales atracciones turísticas.

ESCRITO EN LAS ESTRELLAS

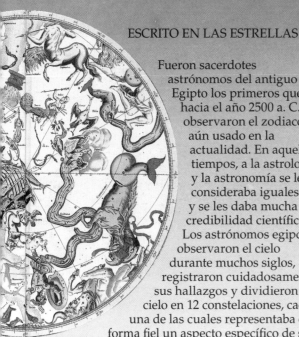

Fueron sacerdotes astrónomos del antiguo Egipto los primeros que, hacia el año 2500 a. C., observaron el zodiaco, aún usado en la actualidad. En aquellos tiempos, a la astrología y la astronomía se les consideraba iguales y se les daba mucha credibilidad científica.

Los astrónomos egipcios observaron el cielo durante muchos siglos, registraron cuidadosamente sus hallazgos y dividieron el cielo en 12 constelaciones, cada una de las cuales representaba en forma fiel un aspecto específico de sus creencias.

Arquitrabe   Capitel

ARQUITECTURA SINGULAR

La arquitectura egipcia posee muchas características que son únicas y la apartan de los estilos de construcción europeos.

Los paralelos más cercanos pueden apreciarse en las edificaciones azteca e inca (curiosamente, constructoras de pirámides en fechas posteriores). Las características más destacadas son las uniones de mampostería de formas irregulares, aunque increíblemente precisas, además de las columnas con bloques cuadrados encima de los capiteles para sostener el arquitrabe de la parte superior.

EL TORNO DE ALFARERO

De todos los logros tecnológicos que nos heredaron los antiguos egipcios, quizá el más perdurable es el torno de alfarero. Inventado hacia el año 4000 a. C., cambió el rostro de la civilización para siempre, permitiendo por primera vez la elaboración en serie de distintas piezas. Operado mediante un sencillo mecanismo de pedal, el diseño básico casi no ha cambiado.

¿SABÍAS QUE...

los egipcios usaban la aromaterapia?
Muchas de las denominadas medicinas "alternativas" tienen su origen en el pasado distante. Por ejemplo, la aromaterapia primero fue usada por los antiguos egipcios para curar muchos padecimientos relacionados con el estrés, respiratorios o musculares. Los aromas potentes, extraídos de las plantas, se usaban para alterar el estado mental del paciente y permitir así que los dioses lo curaran. Los médicos modernos actualmente comienzan a apreciar los beneficios que brindan dichos tratamientos.

es posible que los egipcios hayan inventado el cero en las matemáticas?
Los matemáticos a menudo debaten las virtudes del cero como número, o si, de hecho, es un número en realidad. Se comporta de forma diferente a los demás números: no se usa en el conteo; si se le multiplica por cualquier otro número, la respuesta siempre es cero; si se agrega a la derecha de cualquier número, ese número siempre se incrementa por diez. Los egipcios fueron los primeros en reconocer la necesidad de expresar el cero dentro de las matemáticas, pues al hacer la contabilidad real en ocasiones era necesario mostrar la respuesta obtenida al restar dos cantidades equivalentes entre sí.

los egipcios fueron los primeros en estudiar la astronomía?
La humanidad siempre ha observado fenómenos naturales como las estaciones y ha regido su vida en la forma correspondiente. Sin embargo, al usar sus conocimientos de las matemáticas, los antiguos egipcios descubrieron que ciertos eventos como los eclipses se repetían de manera regular, de modo que podían ser pronosticados con una precisión asombrosa y usados para rituales religiosos. También observaron que Sirio, la estrella canina, apareció en una ubicación exacta inmediatamente antes de la inundación anual del Nilo, lo cual era utilizado por los sacerdotes durante sus ceremonias de fertilidad.

las tumbas de los faraones se encontraban protegidas mediante una maldición?
Con el fin de proteger a los faraones muertos y sus posesiones durante su viaje al más allá, sus tumbas contenían una maldición que indicaba que cualquiera que las profanara moriría. Como coincidencia, después del descubrimiento de la tumba de Tutankamón en 1922, varios de los involucrados en el hallazgo sufrieron muertes violentas, incluyendo a Lord Carnarvon, patrocinador de la expedición, quien murió de una infección por picadura de mosco cinco meses después. Sin embargo, ¡los arqueólogos modernos han detectado rastros de venenos en la pintura de los muros de las tumbas que pudieran haber ayudado a que la maldición se convirtiera en realidad!

los templos de Abu Simbel fueron reconstruidos en tiempos modernos?
En la década de 1960, se tomó la decisión de construir una presa masiva junto al Nilo, en Asuán, para aliviar la escasez de agua en Egipto. Por desgracia, varios e importantes sitios arqueológicos se hubiesen perdido en el proceso, incluyendo los templos de la reina Nefertiti y de Ramsés II en Abu Simbel. Se recaudó entre la comunidad internacional una suma de 16 millones de libras esterlinas, y los enormes templos y estatuas fueron desmantelados con gran cuidado, las piezas fueron numeradas y luego se reconstruyeron meticulosamente, alejando y protegiendo todo a una distancia de 230 metros sobre la superficie de roca, por arriba de la línea de flotación del agua.

RECONOCIMIENTOS

Agradecemos a Graham Rich y a Elizabeth Wiggans por su colaboración, y a David Hobbs por su mapa del mundo.

Créditos a fotografías e ilustraciones: s = superior, i = inferior, c = centro, iz = izquierda, d = derecha, p = portada, pi = portada interior, cp = contraportada.

AKG (Londres): 27s, p y cp. Ancient Art and Architecture: 4s, 10id, 11s, 17id, 19i, 21i, 20/21cs, 22sd, 23i, 24s, 30siz, p y cp. Ann Ronan en Image Select: 7d, 8s, 8c, 13s, 15c, 16iz, 18/19c, p y cp. Chris Fairclough Colour Library/ Image Select: 2/3 cs, 6i, 14/15 c, et archive: 7ciz, 10/11c, 16/17cs, 22i, 28/29ci, Giraudon: 29s. Image Select: 10iiz, 13iiz, 14s, 21c y 32c, 27cd, 28c. National Maritime Museum (Londres): 31siz, PIX: 2i, 3ciz, p y cp, 6/7c, 15s, 15ciz, 20s, 20iiz, 22s, 23c, 24iz, 28/29cs, 31sd, Spectrum Colour Library: 20id, 27id, 31iz, 30/31 (fotografía principal). Werner Foreman Archive: 2s, 3cd, 3i, 4i, 5i, 5s, 5c, 4/5c, 7s, 8iz, 8i, 9s, 9i, 8/9c, 10s, 10/11cs, 11i, 12i, 12iz, 13i, 13c, 13cd, 14i, 16/17ci, 17s, 18s, 18iz, 19c, 19s, 23s, 24/25c, 25s, 25i, 26s, 26iiz, 26/27c, 28iz, 28d.

Se ha hecho todo el esfuerzo posible para localizar a los poseedores de los derechos y pedimos disculpas anticipadamente por cualquier omisión involuntaria.
Nos complacería insertar el reconocimiento correspondiente en cualquier edición subsiguiente a esta publicación.